La locomotora del tiempo

Xavier Eguiguren

Ilustraciones de Carmen Escudero

© de los textos: Xavier Eguiguren, 2024.
© de las ilustraciones: Carmen Escudero, 2024.
© de la edición: Universidad de Castilla-La Mancha, 2024.

Edita: Ediciones de la Universidad de Castilla-La Mancha.
Colección COEDICIONES n.º 182.

I.S.B.N.: 978-84-9044-699-7
           978-84-1735-751-1

D.L.: CU 214-2024

Impreso en España – *Printed in Spain* (E.U.)

La locomotora del tiempo

Xavier Eguiguren
Ilustraciones de Carmen Escudero

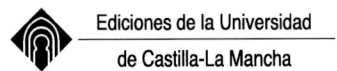

Ediciones de la Universidad
de Castilla-La Mancha

Prólogo

Cuando se construye un edificio con buenos cimientos, profundos y fuertes pilares que sujetan y protegen la estructura, se garantiza su resistencia ante las posibles adversidades que intenten derribarlo.

Las personas, a lo largo de los años, levantan su propio edificio, planta a planta, con sus aprendizajes. Tanto las experiencias exitosas como los fracasos las enriquecen y las ayudan a crecer a nivel individual y también a quienes forman parte de su entorno.

Durante la infancia se asientan los cimientos de la vida. Por eso, la familia, la escuela y las amistades juegan un papel muy importante y en muchas ocasiones decisivo para que se llenen de empatía, solidaridad, compañerismo, entusiasmo, hábitos saludables y sostenibles y, sobre todo, capacidad para desechar actitudes que causen perjuicio propio o ajeno.

Si en algún momento les toca enfrentar situaciones desagradables, tomar decisiones o rechazar propuestas que se presentan como apetecibles, pero cuyo resultado podría ser nefasto, sus cimientos se ponen a prueba.

Estos renglones, a través de la fantasía y jugando con el tiempo, nos acercan al mundo del acoso, las drogas, los riesgos de internet y la violencia de género. Su lectura será, sin duda, una valiosa aportación para construir unos cimientos compactos y resistentes.

Una maestra de primaria

1.

El Tejo Mágico

Luis Alberto, un oso pardo cantábrico, es el papá de Penélope y vive en la Reserva Natural Integral de Muniellos, en Asturias. Penélope tiene un año, pesa casi veinte kilos y le gusta mucho dibujar humanos. Le caen bien todas las personas del mundo mundial y requetebién las que se acercan al bosque para hacerles una visita y dejarles manzanas y miel.

Hoy, Penélope ha hecho un dibujo de una niña rubia de ojos verdes y se lo ha regalado a su papá.

—Me gustaría que inventaras un cuento con esta niña de protagonista —dice Penélope, señalándola con la pata derecha—; se llama Pepa.

—¡Uy, eso es muy difícil! Pero lo voy a intentar —contesta Luis Alberto.

—¡Gracias, papi! Estoy deseando saber qué aventuras va a vivir la niña.

Luis Alberto ha tenido una tarde muy ocupada recorriendo todo su territorio y cuidando de las hayas, robles, brezos, fayas, abedules y tejos que pueblan Muniellos. «¡Madre mía!, me he olvidado por completo de inventar ese cuento para Penélope. Para compensarlo, voy a pasarme por la osera de Jacinto y le pediré prestado uno de esos puzles de humano que colecciona y que a mi pequeña tanto le gustan», piensa.

Son las nueve de la noche y la osita ya está en la cama. Con un montón de hojas y un paraguas, ha construido una especie de tienda de campaña para ella y Coco, su cocodrilo de peluche. Espera ansiosa a su papá. «Tengo ganas de que llegue papi. Seguro que Pepa va a un cole con un patio muy grande», piensa Penélope.

Luis Alberto entra en la osera sin hacer apenas ruido para no despertar a la osita, pero tan solo ha dado tres pasos cuando esta lo llama a voces desde su habitación:

—Papá, ¡ven! ¿Has inventado el cuento? ¿Qué hace la niña? ¿Va al cole? ¿Tiene amigos y amigas? ¿Qué se le da mejor, el dibujo o la plastilina? ¿Cómo es el patio de recreo?

—Pérdoname, Penélope, he tenido que hacer muchas cosas y no me ha dado tiempo. Pero te he traído un puzle que me ha dejado Jacinto.

—¡Jo, papi! Yo no quiero un puzle, prefiero que tú te inventes un cuento con mi dibujo.

—He perdido por completo la fantasía, no se me ocurre qué contar de tu niña...

—¿Y por qué no buscas tu fantasía?

—¿Dónde la voy a buscar?

—¡Jolín, papá!, pues dentro del tejo mágico en el que viven nuestros amigos los duendes del bosque. Está aquí al lado. Si quieres, yo te acompaño; pero luego tienes que entrar tú solo y seguir el camino de tiza verde.

Penélope lo lleva hasta el árbol mágico. La osezna negocia la entrada de su papá con un duende rechonchito que se asoma por encima de una seta roja con puntitos amarillos. De pronto, en la base del tejo se abre un gran agujero para que Luis Alberto pueda pasar.

Una vez en el interior del árbol, el oso aparta cientos de libros de cubiertas maravillosas que se apilan en el fondo; se sorprende cuando penetra la luz del sol y se hace visible un camino pintado con tiza de color verde. Siguiendo las instrucciones que le ha dado su hija, se adentra en el sendero mágico en busca de la fantasía.

Avanza durante casi dos horas. Sube una montaña muy alta de piedra roja; luego, baja hasta un valle repleto de tulipanes azules como el cielo. «¿Cómo puede existir un lugar así dentro de este tejo? No me lo puedo creer», piensa.

Más tarde, cruza un bosque donde los árboles crecen del revés: las raíces apuntan al cielo y las copas están enterradas en la tierra. Se levanta sobre las patas traseras y coloca la pata delantera derecha a modo de visera. Entrecerrando los ojos, trata de ver el final del camino, pero solo intuye una interminable línea verde.

—¡Qué susto! —dice cuando, a pocos metros de donde se encuentra, el suelo se rompe.

De las entrañas de la tierra asoma un enorme cubo pintado con los colores del arcoíris. Hubiera querido correr en dirección contraria, huyendo de todo lo que ha presenciado desde que comenzó la aventura, pero las patas no le responden y permanece inmóvil hasta que el cubo emerge por completo y una puerta situada en el frontal se abre. Luis Alberto espera a que salga alguien, pero ahí no aparece nadie; tan solo se escucha la voz de Penélope a través de un altavoz que pende de una cuerda atada a la única nube que flota en el cielo.

—¡Papá, bienvenido a la estación de la fantasía!

—¡Penélope, esto es una locura!

De nuevo, suena la voz de la osezna:

—Papá, ¡tienes que entrar en el cubo! Cuando regreses, verás los cuentos que vas a inventar. Buen viaje. ¡Te quiero, papi!

Con un zumbido, el altavoz se apaga.

—Yo también te quiero —dice Luis Alberto mientras penetra en el cubo.

Una vez atraviesa la puerta, se queda boquiabierto: es una estación de tren de techos altos y paredes revestidas de azulejos de color azul. Una locomotora de vapor unida a un vagón ocupa la única vía.

De pie junto al tren, se encuentra un duendecillo de orejas puntiagudas y ojos vivarachos; lleva un gorro de fieltro rojo que lo identifica como jefe de estación. Al percatarse de la presencia de Luis Alberto, se acerca y le pregunta:

—¿Pasado o futuro?

—¿Cómo dice?

—¿Quiere viajar al pasado o al futuro? —reitera el duendecillo.

—¡Al pasado! —dice el oso.

—Dígame el día y el año al que desea viajar. Está usted ante el único tren del mundo que recorre la línea temporal y que lo trasladará hasta la fecha que me indique.

—¡Un viaje en el tiempo! —dice Luis Alberto, sorprendido—: Me gustaría revivir mi primer día de colegio, que fue un lunes del año mil tropecientos noventa mil.

—Dígame el nombre de su colegio.

—Colegio Público de Animales y Animalitos —dice el oso.

—Antes de comenzar, debe saber que este tren es una máquina del tiempo de última generación y que su viaje no modificará en nada el momento elegido. Cuando se utilizaban las primeras máquinas, podían llegar a coincidir el yo actual con el otro yo, y eso era muy peligroso. Se suspendieron los viajes hasta que se logró que en el tiempo elegido hubiera solo un yo con la edad que le correspondiera en esa época.

»Al principio, todo le parecerá extraño porque su cuerpo cambiará, pero continuará con su mente actual. No se preocupe, se acostumbrará. Déjese llevar y disfrute.

»¡Ah!, en cuanto el vagón empiece a moverse, debe pensar en el lugar de destino en el que desea aparecer. Y, cuando quiera regresar al presente, solo tendrá que decir: «Misión cumplida», y buscar un tejo. No importa dónde esté, entre en un tejo y camine hasta encontrar el cubo —explica el duende—. ¿Le han quedado claras las instrucciones?

—¡Clarísimas! —responde Luis Alberto.

—Muy bien, pues podemos subir al vagón. Tome asiento en la butaca número treinta y tantos. Es la que no se ve; pero, si se desplaza hasta aquella ventana —señala el lugar con su largo dedo—, se le aparecerá de sopetón.

Cuando Luis Alberto se acerca al final del vagón, surge de la nada una butaca de color amarillo limón y verde pistacho; también tiene algo de morado y azulón. Se acomoda en ella y, en ese instante, el duendecillo manipula unos mandos y unos relojes de un panel colocado junto a la puerta. A continuación, hace sonar su silbato y la locomotora resopla con fuerza.

Tiembla el suelo. La estación se cubre de un humo de colores y la luz se apaga por completo. «Ya no hay marcha atrás», dice para sí Luis Alberto.

El duende comienza a contar:

—Tres, dos, uno, cero.

Luis Alberto cierra los ojos, piensa en su habitación de la infancia y se duerme profundamente.

2.

Primer día de cole

Tititití, tititití.

Suena la alarma del pequeño despertador con forma de oso que hay sobre un tronco que hace de cómoda.

—¡Son las siete! Es tu primer día de cole. ¡Venga, que hay que prepararse! —dice la osa desde la cocina de la osera.

«¿Es mi madre?», piensa Luis Alberto. Se fija en lo que hay a su alrededor y de inmediato reconoce su habitación. «¡Jo! La máquina del tiempo ha funcionado», dice para sí. Se levanta de un salto y corre a mirarse en un espejo.

—¡Venga, a desayunar! —habla de nuevo su mamá.

Luis Alberto se encierra en el cuarto de baño, su corazón late muy rápido. Se acuerda perfectamente de dónde está el espejo en el que tantas veces se ha visto reflejado. Se pone ante él con los ojos cerrados. Los abre de golpe y... ¡Sí! Sigue siendo él, pero ya no aparenta quince, ahora tiene la cara y el cuerpo de un año. «Esto es alucinante», piensa.

Cuando Luis Alberto se ha subido al tren para comenzar este viaje, hacía cinco años que su mamá había muerto. Camina muy despacio por el pasillo hasta llegar a esa cocina que tan bien conoce, y ahí está ella, tal como la recuerda: con sus gestos tranquilos, su pelaje marrón claro y sus ciento treinta y cinco kilos. Luis Alberto llora desconsoladamente y la abraza con fuerza.

—¿Por qué lloras? ¿No quieres ir al colegio? —pregunta la madre.

—Creí que no volvería a verte más.

—¿Pero qué tontería es esa? ¡Nos vemos todos los días! ¡Venga!, no te hagas el remolón y prepárate.

«¡Dios! Es mi primer día de colegio otra vez. Tengo la oportunidad de recuperar mi fantasía y hacer grandes cosas», dice Luis Alberto para sí al tiempo que esboza una amplia sonrisa.

Ella coge al pequeño de la pata y caminan por el robledal de Muniellos. Conversan sobre temas bonitos y Luis Alberto no puede sentirse más feliz, disfrutando de cada minuto en compañía de su madre. Pasan por la zona de las lagunas y se detienen en la puerta del Colegio Público de Animales y Animalitos. Es un edificio de color marrón con muchos árboles a su alrededor; tiene un patio grande y una fuente de la que mana un agua con sabor a lapicero. «¡Menuda aventura voy a vivir!», piensa. Después de darle un beso de despedida a su madre, se encamina hacia el patio para que le digan la clase que le toca.

Luis Alberto sabe perfectamente lo que va a ocurrir: la directora lo separará de los animales de su edad y lo pondrá en un curso inferior, pues acaba de llegar del Parque Natural de la Serranía de Cuenca —donde ha nacido— y no tiene un nivel de gruñido asturiano aceptable. En 2.° B va a conocer a unos compañeros excepcionales, todos muy buenos, menos Leoncio, el león, que le hará *bullying* desde el primer momento; pero esta vez está preparado para no sufrir a manos de ese abusón. Su objetivo es encontrar en el patio del colegio la fantasía que ha perdido y utilizarla para combatir las injusticias.

Ya están todos en sus clases y, efectivamente, a Luis Alberto le ha tocado 2.° B: el aula de la izquierda en la planta baja. Leoncio mira a su nueva víctima, se acerca hasta poner la boca a la altura de su oreja y le dice:

—¡El de las casas colgadas! ¿Qué haces en nuestro cole? —Se carcajea.

Toda la clase permanece en silencio mientras Leoncio golpea en la cabeza a Luis Alberto, que intenta protegerse con las patas.

Por fin entra doña Beatriz, una garza muy estirada, que es la profe de Lengua y Emociones. Entonces Leoncio se sienta en la silla, pero sin apartar la vista de Luis Alberto, que valientemente le sostiene la mirada y sonríe. «Vas a alucinar cuando salgas al patio», dice para sí.

Ring, ring, ring.

Suena el timbre que indica que es la hora del recreo.

Los animales salen a toda prisa, pero en la gran puerta que da al exterior hay una cortina de terciopelo de color rojo como la de los cines. Luis Alberto encabeza la fila y a continuación marcha Leoncio, con la vista fija en su nueva víctima. El oso descorre la cortina mientras vuelve la cabeza hacia el león, diciendo:

—Bienvenido al mar tenebroso.

En el centro del patio aparece un galeón español que navega escorado a babor, con el palo mayor y todo el velamen destrozados. El mar bravo zarandea el casco y lo hunde por completo para después levantarlo hacia el cielo. Luis Alberto, el capitán, erguido en el puente de mando, sujeta con fuerza el timón. Los demás tripulantes están acurrucados en la cubierta y se agarran a lo que pueden para no caer por la borda.

Un barco pirata ligero de veinticinco cañones sale del huerto que cultivan los alumnos y alumnas de don Pepito y don José. Lo comanda el terrible Leoncio el Garra Garfio. Con los cañones laterales, lanza tres salvas que impactan en la proa y en el palo mayor del galeón del oso, que ahora se encuentra a la deriva en el mar revuelto de espuma. Gran parte de los tripulantes, que habían oído que ese patio estaba plagado de sirenas, asoman las cabezas por la borda para ver si suenan los cantos de esas hadas marinas, mitad mujer y mitad pez, que puedan guiar de alguna manera al capitán hacia un lugar seguro en la costa, sin rocas ni peligros. Pero solo escuchan el viento, el agua entrando en el casco, cubriéndolo casi por completo, y la voz de doña Faustina, la profe de Inglés, que manda callar a algún animal gritón.

Cuando se hace visible el oscuro barco pirata de Leoncio, aparecen las sirenas, que con sus hermosas canciones intentan atraerlo hacia la fuente con sabor a lapicero.

¡Zaaas!

El león choca contra ella y ahí lo apresan.

Durante lo que queda de recreo, las sirenas y el resto de la clase de 2.° B usan una pluma de gallo de corral para hacerle cosquillas en las patas a Leoncio, hasta que se rinde y promete no volver a molestar a nadie en su vida.

Años más tarde, Luis Alberto se enterará de que ese león tan abusón se ha convertido en profesor y es un animal muy bueno.

Ring, ring, ring.

El timbre anuncia el final del recreo.

Cuando terminan las clases, mamá espera en la puerta del colegio a Luis Alberto.

—¿Qué tal tu primer día?

—¡Genial! He navegado en un galeón español y Leoncio el Garra Garfio ha querido hundirme, pero las sirenas lo han hecho chocar contra la fuente para que lo apresáramos. Después de muchas cosquillas, ha prometido dejar de hacer *bullying*. ¡Mamá!, verás cuando le cuente esto a mi hija.

—¿Qué hija? Qué cosas dices. Voy a tener que llevarte al médico.

—¡No, mamá! Inventar aventuras y mundos es mi manera de divertirme y de no perder la fantasía. Estoy muy feliz de poder hablar contigo.

—Me alegro mucho. Venga, vamos a la osera.

Luis Alberto le coge de la pata para regresar a la cueva. Aprovecha la tarde para abrazar mucho a su mamá. Se acuesta pronto, pues las emociones vividas lo han agotado.

Ya avanzada la noche, despierta con una idea en la cabeza que enseguida le cuenta a Luismi, su osito de peluche:

—Voy a proponer que pongan un buzón en la entrada del colegio para que el que sufra o sea testigo de *bullying* lo denuncie si quiere y sin que pueda ser identificado —dice Luis Alberto.

—¿Una denuncia anónima? —dice el osito de peluche—: Quien denuncie el *bullying* es un héroe.

—Eso mismo —contesta Luis Alberto.

Cierra los ojos y se duerme profundamente.

3.
El Naufragio

—¡Qué rica sabe esta miel! Mamá, había olvidado los sabores de mi infancia.

—Pero si hace dos días que la comiste. ¡Estás muy raro! Verás como voy a tener que llevarte al médico para que te haga unos análisis de sangre.

—Mamá, que estoy bien. Lo que pasa es que disfruto de las pequeñas cosas de la vida, solamente eso.

—Dices cosas de oso grande, como en la nota del otro día... No te empeñes en crecer tan rápido. Venga, a desayunar, que hay que ir al cole.

«Por suerte, papá pasa mucho tiempo fuera de la osera. Ojalá pudiese recordar una infancia igual de bonita que la de mis amigos, en la que los papás son buenos con las mamás», piensa Luis Alberto.

Salen de la cueva y caminan despacio, agarrados de la pata. Luis Alberto no puede apartar la vista de la osa. Está muy feliz de volver a tenerla. «No hay mayor riqueza que abrazar de nuevo a mamá», dice para sí. Se despiden en la puerta principal del colegio y el pequeño se dirige hacia su clase. «¿Qué aventura vamos a vivir hoy?», se pregunta.

Al entrar, se encuentra de frente con Leoncio; se miran, se sonríen y se saludan con un alegre «hola». Ya no existe rencor entre ellos. «Leoncio ahora mola mucho, gracias a las cosquillas que le hicimos ayer», piensa el oso.

En la pizarra aparece un mensaje escrito con tiza: «Busca la isla en la que habita el cíclope, el que todo lo sabe».

—¡Esa es nuestra aventura de hoy! —dice Luis Alberto a sus compañeros y compañeras, señalando hacia la pizarra con la pata delantera derecha.

Acaba de llegar al aula la garza más querida del colegio, doña Beatriz.

—Buenos días —saluda, y se sienta en la silla.

Encima de su mesa, hay un libro con la imagen de una locomotora de vapor en la cubierta y comienza a leerlo para toda la clase: trata de un oso que viaja en el tiempo en busca de la fantasía perdida.

—Vamos a dejar el final para otro momento —dice la garza, cerrando el libro. Mira a Luis Alberto, le sonríe y le susurra—: Gracias, guardaré tu secreto.

El oso abre mucho los ojos, en señal de extrañeza. No sabe a qué secreto se refiere la profesora, pero le devuelve la sonrisa.

Ring, ring, ring.

Suena el timbre del recreo y salen al patio.

Todo el mundo sabe que el edificio de los de infantil, el que está al lado del gran sauce llorón, es la isla del cíclope; también que la única manera de llegar es naufragando: permitir que el mar te trague y luego te escupa.

El osezno se sienta debajo del gran tejo del colegio para idear un buen plan: «Allí, donde los mayores juegan a las canicas y a la peonza, es el mejor lugar para naufragar. Don Félix el búho, el profesor que algunas veces se hace pasar por barquero, puede ayudarnos, pero ¿quién se atreve a decirle que tenemos que hundirnos con la barcaza?».

Luis Alberto y otros dos estudiantes de 2.° B van al embarcadero, donde el búho está esperando. Accede a llevar a los tres hasta la zona de los mayores. Cada uno debe pagarle con tres cromos de los osos amorosos.

En plena navegación, no es necesario decirle a don Félix nada acerca de naufragar porque, aunque hace buen tiempo, un viento huracanado levanta olas gigantes en la parte más alejada del patio. La barcaza parece una cáscara de nuez a merced del temporal. El búho intenta mantenerla a flote con su largo remo, pero acaban desapareciendo bajo las tenebrosas aguas.

Al cabo de un rato, Luis Alberto abre los ojos y se da cuenta de que está tumbado boca arriba sobre la arena blanca de una playa. Los restos de la barcaza se esparcen entre las berzas del huerto. «¡Hemos naufragado!», piensa el osito. A los otros pasajeros, incluido el búho, los ve tirados boca abajo en los soportales de la zona trasera del edificio de infantil.

—¿Estáis todos vivos? —pregunta Luis Alberto.

—¡Sííí! —contestan.

—Aquí huele a animal —dice un enorme ogro cabezón y peludo con un solo ojo en la frente, que se asoma por una de las ventanas del edificio.

—Buenos días, cíclope, me llamo Luis Alberto.

—¿Qué hacéis en mi isla mágica? —pregunta el ogro.

—¡Hemos naufragado! —responden todos.

—¡Ah!, pues lo siento, pero os tengo que comer, no vaya a ser que robéis mi sabiduría. Es muy raro que no haya detectado antes vuestro olor. El caso es que el ambiente olía a pies —explica el cíclope.

—Bueno, ese tufo viene del trozo de queso azul que don Félix se guarda en uno de los bolsillos para el almuerzo —dice el osito.

—A mí me gusta mucho el queso azul. Estoy pensando en comerme al búho con queso y todo.

—¡No, por favor! Hemos venido a verte para aprender de tu sabiduría. Si perdonas la vida del profesor, podrás quedarte el queso y te prometo que serás más conocido que la abeja Maya; se hablará de tu belleza por toda la eternidad. —Luis Alberto se muerde el labio inferior para no reírse.

—No sé cómo vas a conseguir que, con el cabezón que tengo y este ojo del tamaño de una sandía, alguien me llame guapo, va a ser un milagro. La acabas de liar parda prometiendo eso a la ligera porque, si no lo cumples, te buscaré y te comeré —dice el cíclope, y añade—: La frase que ha aparecido en vuestra pizarra la he escrito yo y, como estaba previsto, os ha traído a mi isla; era una trampa para comeros crudos. Pero como este oso ha hecho una promesa que me ha encantado y sois los únicos que habéis venido en busca del conocimiento, y el conocimiento es el que hace libres a los seres del planeta, me habéis caído bien. ¡Ea!, voy a dejar que os marchéis.

—Gracias, ogro bueno, listo y guapo —dicen todos.

—Cuéntale a mis amigos cosas del futuro —propone Luis Alberto.

—Os voy a regalar un tesoro en forma de palabras que os será útil a vosotros y también a vuestros pequeños y pequeñas, si algún día los tenéis. ¡Escuchad!

«En el futuro habrá una red informática conectada a nivel mundial a modo de tela de araña y se llamará internet. Todo el mundo podrá acceder usando un ordenador o un teléfono móvil. Se convertirá en una herramienta maravillosa de aprendizaje y conectividad, se podrán ver vídeos, jugar, hablar con amigos, investigar para las tareas escolares e interactuar con otros animales de culturas y países diferentes».

—¡Qué pasada es eso de internet! —dicen todos, salvo Luis Alberto, que ya conoce el tema.

—¡Os calláis o saco el cuchillo y el tenedor y os como a todos! —dice el ogro cascarrabias, enfadado por la interrupción. Y continúa hablando—: Si no se ponen unos límites, internet puede llegar a ser tan peligroso como el mar enfurecido que os ha tragado. Si alguien publica una foto, no sabrá quién la verá ni qué hará con ella; será como fotocopiarla mil veces, repartirla por el mundo y que aparezca en los escaparates de las tiendas, en las paradas de autobús, en el colegio… Será posible que alguien escriba sobre una de esas fotocopias una palabra fea, algún insulto, o que la pinte…

»También podrá darse el ciberacoso, que es el uso de medios digitales para acosar a uno o a varios animales mediante ataques personales y divulgación de datos privados o falsos. La víctima podrá sufrirlo en cualquier momento del día. Y habrá que tener mucho cuidado con los animales sin buenas intenciones que pidan información privada, como nuestro domicilio o colegio, o alguna foto de índole personal. Del mismo modo, será un medio para que algunos controlen, humillen o amenacen a su pareja o expareja.

»Será muy fácil ver contenidos como pornografía; violencia; modas peligrosas, por ejemplo, dietas milagro; defensa del consumo de drogas; discursos que fomenten el odio a las mujeres, a los

animales, a los extranjeros o a determinadas ideologías políticas...
Este tipo de mensajes no son aptos para menores y pueden hacerles
mucho daño porque aún no tienen formado su pensamiento crítico
para distinguir lo bueno de lo malo o la verdad de la mentira.

»A los menores también se les prohíben los juegos de apuestas, pero
en internet no hay un control exhaustivo y podrán acceder a ellos.
Esos juegos y otros similares son capaces de crear adicción, destru-
yendo al jugador y a su entorno.

Ring, ring, ring.

—Y colorín colorado, la hora del recreo ha terminado —dice el
ogro, y desaparece sin dejar rastro.

Los náufragos abandonan el edificio de infantil, que ya no es una
isla mágica. Los pequeños regresan al aula de 2.º B y don Félix a la
sala de profesores.

4.

Operación Manzana Pocha

Hoy, el osezno se ha levantado un rato antes de que sonara el despertador. Se ha ido directamente a la cocina. «Tengo que aprovechar para estar el mayor tiempo posible con mamá», piensa.

Desayunan un gran tazón de chocolate y dos tostadas con miel; de nuevo, los recuerdos de la infancia lo invaden todo. El pequeño oso aspira profundamente para retener en la memoria ese olor característico de su madre.

A las ocho en punto, el reloj de cuco del salón de la osera comienza su soniquete. Cuando entona su octavo cucú, salen de la cueva con destino al colegio.

Como cada día a la misma hora, llegan a la puerta principal, mamá le da un beso y Luis Alberto se encamina hacia su clase: «Vamos a ver con qué aventura nos sorprende hoy el patio», piensa.

La mañana transcurre entre canciones, cuentos y risas. «Echo de menos jugar a polis y cacos, a la gallinita ciega, a la rayuela, al escondite inglés, a las cuatro esquinitas, al pañuelo, a burro, a las canicas, con las peonzas, a cambiar cromos...», dice para sí Luis Alberto. Y entonces ocurre lo más esperado.

Ring, ring, ring.

Suena el timbre del recreo.

Los animales grandes y pequeños corren sin detenerse hasta el centro del patio. Una vez ahí, se cogen de las patas y crean un gran círculo. Están Coco el Suertudo, la mariquita Margarita, el caracol Coliflor, Leoncio el león, Tobías el gato... Luis Alberto hace una pregunta al grupo:

—¿Jugamos a polis y cacos?

—¡Vale! —dicen todos.

«Una, dole, tele, catole, quile, quilete, estaba la reina en su gabinete; vino Gil, apagó el candil, candil, candilón...».

Después de rifar los papeles, a unos cuantos animales de la clase de 2.° B, capitaneados por Luis Alberto, les toca ser los polis que vigilarán la playa que acaba de formarse. Nunca habían organizado un juego de polis y cacos de tanta magnitud.

A varios alumnos de la clase de doña Esther la cabra, la profesora de Gruñidos y otros Idiomas del Mundo Animal, les ha tocado ser los cacos. Tratarán de hacer llegar hasta esta playa una embarcación repleta de manzanas cogidas sin permiso del manzano de la puerta principal; también se ocuparán de esconder la mercancía en el cuarto de los trastos del portero del colegio, a la espera de negociar la entrega con la comandante de los de infantil a cambio de un millón de cromos de ranas famosas del *rock*.

Se ha dispuesto un operativo policial sin precedentes para acabar con el tráfico ilegal de manzanas. Se distribuyen así: una patrulla de Seguridad Ciudadana, formada por Coco el Suertudo y Burbuja la unicornio, vigila el único acceso a la playa; dos lagartijas de la Unidad de Subsuelo controlan el alcantarillado y los túneles que hay debajo del patio; varios animales de la Unidad Especial de Intervención esperan la orden de asalto escondidos en un carro de helados que hay en la puerta principal; Gorrión 48, el helicóptero, sobrevuela la zona; dos ovejas del Servicio de Información se hacen pasar por bañistas de la playa y un sector del Grupo de Acción Rápida, en situación de alerta en el aula de 2.° B, está listo para intervenir si las detenciones de los traficantes de manzanas se complican.

No han transcurrido diez minutos de recreo cuando una potente embarcación se acerca a la playa. Una gallina de la clase de doña Esther pilota el barco. Desde tierra no puede verse qué mercancía traslada, solo se distingue un gran bulto cubierto con una lona de color verde.

En el mismo momento en que el barco toca la orilla, aparecen tres furgonetas en la playa. Cuando los cacos están descargando las cajas que luego piensan meter en las furgonetas, da comienzo la operación: Luis Alberto entra en la zona seguido de los polis, y los cacos se dejan atrapar sin ofrecer resistencia. La mercancía no es otra cosa que un montón de manzanas podridas que el profesor de Dibujo les ha dado para hacer compost.

—Nosotros no somos capaces de coger las manzanas sin pedir permiso —dicen los que hacen de cacos a los polis.

Los que han participado en el juego hablan entre ellos sobre cuánto se han divertido. Y, de pronto, un barco encalla en una zona poco profunda de la playa. Un par de hipopótamos desembarcan con grandes bolsas transparentes que contienen droga. Indignados, los animales grandes y pequeños y también los profesores persiguen a los delincuentes hasta lograr encerrarlos en el gimnasio. La directora avisa a los gorilas policías, que no tardan ni cinco minutos en llegar al colegio y detener a los dos cacos.

Ring, ring, ring.

Se acaba el recreo.

Cuando terminan las clases, la mamá del osezno lo espera en la puerta.

—¿Qué aventura habéis vivido hoy? —pregunta en cuanto el pequeño aparece.

—¡Ha sido increíble, mamá! Hemos jugado a polis y cacos con barcos y todo. Había un cargamento de manzanas que al final resultaron estar todas pochas… Cogimos a dos cacos de los de verdad que querían introducir droga en nuestro cole y al final vino la policía, pero policías también de verdad, mamá, y se los llevaron…

—¡Qué suerte que los cogierais! Me quedo tranquila sabiendo que no volverán al cole.

—¡Volverán, mamá! Volverán al colegio, al bosque, a las montañas, a las ciudades. Ojalá hubiera alguna forma de evitar que algunos compañeros y compañeras con los que juego en el patio, cuando fueran mayores, enfermaran por culpa de las drogas —dice Luis Alberto, y continúa—: Y lo sé porque vengo del futuro.

—¡Me tienes preocupada con tus historias! —dice su mamá.

Caminan de vuelta a casa en silencio. A pocos metros de la boca de la cueva, la madre se para, vuelve la vista hacia su hijo y le dice:

—Me hace feliz imaginar que si vienes del futuro y estás así de sano y contento es que no has tomado drogas durante tu vida.

—Entonces, ¿me crees cuando te digo que vengo del futuro? —pregunta el osito.

—¡No! —concluye la osa.

5.
La Antártida

Luis Alberto pasa la noche bastante nervioso, pensando en que será su último día en el año mil tropecientos noventa mil.

Tiene ganas de ver a su pequeña y contarle las alucinantes aventuras que ha vivido en el patio del colegio; pero, por otra parte, siente tristeza y preocupación por su madre, que es víctima de la violencia de papá oso y, desgraciadamente, lo seguirá siendo. «¿Quién va a protegerla?», dice para sí.

Por la tarde, después del cole, volverá al tiempo del que ha venido y ocupará su lugar el yo de un año. Recuerda que el duende de la estación le dijo que un viajero nunca coincide con su otro yo, uno sustituye al otro y al revés. «El oso de un año regresará a esta época, pero es tan pequeño para el sufrimiento que le espera... Ojalá alguien pudiera evitarle esos futuros malos momentos», desea. Rememora una de las escenas horribles que presenció de osezno: papá oso volvió tarde a la osera y se enfadó; tiró los tarros llenos de miel contra la pared y con las garras pegó a mamá. El osito se tapa por completo la cabeza con la manta y tiembla al recordar el miedo que pasaron su madre y él durante mucho tiempo. Se le llenan los ojos de lágrimas y piensa: «Menos mal que Penélope vive una preciosa infancia, como deberían ser las de todos los animales y los humanos del mundo».

Titití, titití.

—¡Venga, a prepararse, que son las siete! —dice su madre como cada mañana.

—¡Sí, mamá!

«Voy a la cocina a darle muchos besos y abrazos», piensa Luis Alberto.

—Mamá, ¡nunca te voy a dejar sola! Lo sabes, ¿verdad? —dice el osezno.

—Lo sé, y yo también voy a estar siempre contigo, aunque en algún momento ya no sea físicamente —añade.

—¿Por qué dices que no estarás físicamente?

—Porque moriré algún día.

El pequeño baja la cabeza y mira al suelo mientras piensa: «Cuando regrese a mi tiempo, mi madre ya no estará y la echaré mucho de menos».

—¡Te quiero mucho! —dice Luis Alberto.

Salen los dos por última vez con destino al colegio y caminan más despacio que nunca, saboreando cada instante; parece que su mamá sabe que el Luis Alberto del futuro se marchará esta misma tarde. Se miran, se sonríen y gruñen alegremente; también corren uno detrás del otro hasta que se detienen en la puerta del colegio. Y, como es ya costumbre, ahí se despiden con un beso y un abrazo que en esta ocasión Luis Alberto alarga más de lo habitual.

—La aventura de mi último día tiene que ser muy especial —piensa en voz alta mientras cruza el patio.

Las clases de primera, segunda y tercera hora son divertidas. Cantan, pintan, juegan con plastilina… Y por fin llega el momento mágico que todos esperan.

Ring, ring, ring.

Suena el timbre del recreo.

Salen los animales grandes, medianos y pequeños al patio, dispuestos a embarcarse en la mayor de las aventuras.

—¿Expedición a la Antártida en busca de los pingüinos adelaida? —grita el osito.

—¡Vale! —responden los demás.

—La expedición parte del aula de 2.° B, que ahora es una ciudad que se llama Ushuaia. Tenemos que construir un barco para atravesar el canal de Beagle, entre Argentina, que es el huerto, y Chile, que se encuentra en la fuente con sabor a lapicero; luego, navegaremos hasta el pasaje de Drake, que está en el campo de baloncesto: es un tramo de océano que separa el continente americano de la Antártida —explica Luis Alberto.

—¡Podemos usar las colchonetas del gimnasio para hacer el barco! —dice la ballena Elena, de 2.° A.

—¡Qué buena idea! —contestan los demás.

Y así, utilizando doce colchonetas, arman el navío con el que viajar en busca de los pingüinos.

—¿Hay tanto hielo como cuando se congela el frigorífico del pingüino Lolo, de 6.° A? —pregunta un rinoceronte.

—¡Mucho más! Hay icebergs gigantes —dice una trucha arcoíris de infantil que siempre va al colegio dentro de una pecera redonda con ruedas.

—¡Jolines!

—¿Cómo rompemos el hielo si se congela el océano?

—Hay un animal mediano de 2.° C que tiene unas botas de fútbol con tacos de aluminio. ¿Le decimos que se una a la expedición? —propone Luis Alberto.

—¡Vale! —responden los demás.

—¡Comienza la aventura a la Antártida! —gritan todos.

Se suben sobre las colchonetas, que a partir de ese momento se convierten en un barco con el casco reforzado que surca uno de los tramos de navegación más difíciles del mundo.

Cruzan el estrecho de McFarlane, que, según el mapa, se encuentra en la mitad del patio.

—¡Ponemos rumbo al sur! —dice el osito.

—¡A la orden, mi capitán! —responde Leoncio, el encargado de pilotar el barco.

Pronto llegan a la isla del Diablo, en la que vive una colonia de miles de pingüinos adelaida. Los animales de la expedición sacan sus libretas, dispuestos a estudiar a esos pingüinos tan graciosos.

Miden de sesenta a setenta centímetros de longitud y pesan sobre cuatro kilos. Tienen un anillo blanco rodeando cada ojo. El padre y la madre se alternan en las tareas: mientras uno va a buscar comida, el otro se queda incubando el huevo.

«Si mi papá supiera tanto de igualdad como los pingüinos, ni mi mamá ni yo hubiéramos sufrido la violencia. Muchos animales deberían aprender de ellos y, sobre todo, los humanos», piensa Luis Alberto al dibujar un pingüino adelaida en su libreta.

Ring, ring, ring.

Suena el timbre que indica el final del recreo.

A cuarta hora, doña Beatriz lee otro capítulo del libro que tiene una locomotora de vapor en la cubierta. Le encanta a toda la clase. Aplauden cuando unos náufragos se libran de que el cíclope de la isla mágica se los coma.

Su mamá espera en la entrada del colegio. En cuanto aparece el osezno, se abrazan muy fuerte. Vuelven a casa hablando de lo que ha aprendido en el viaje a la Antártida.

—Mamá, me gustaría que papá fuera un pingüino adelaida.

—A mí también... —dice ella con voz temblorosa.

Y Luis Alberto nota que su mamá se queda pensativa y no sabe por qué.

Son las cuatro de la tarde cuando Luis Alberto echa un último vistazo a su habitación de la infancia. Repasa mentalmente las instrucciones que el duende de orejas puntiagudas le dio acerca del regreso y dice en alto:

—¡Misión cumplida!

Piensa en su madre y en que hoy es viernes, el día en que papá oso llega tarde, se enfada y le pega. Una lágrima se le desliza por la mejilla; sin esperar más, sale de la cueva y se dirige al tejo del colegio. Consigue entrar en el árbol a través de un agujero grande que se abre en la base justo en el momento en que vuelve a decir en alto:

—¡Misión cumplida!

Retira del fondo cientos de objetos con los que recuerda haberse divertido en el cole durante su infancia: balones, puzles, coches de metal, un scalextric, un tren eléctrico, libros, un trineo de madera... De pronto, se hace visible el camino de tiza verde. Lo sigue hasta llegar a la montaña de piedra roja, al valle de tulipanes azules y a los árboles con las raíces apuntando al cielo. Y por fin emerge la estación en forma de cubo.

Las puertas se abren y aparece el duende:

—Bienvenido, mi querido osezno. ¿Te ha gustado la experiencia?

—Ha sido maravillosa —dice Luis Alberto mientras se introduce en el vagón y se acomoda en el asiento número treinta y tantos—. Por favor, llévame a mi tiempo, con mi osita Penélope.

—Tres, dos, uno, cero —cuenta el jefe de estación.

La luz se apaga. Luis Alberto piensa en el sofá de su osera, cierra los ojos y se duerme.

Tititití, tititití.

Suena la alarma del despertador que hay en la cómoda de la habitación de Penélope.

—¡Son las ocho! Es mi primer día de cole. ¡Venga, papá, que tienes que llevarme! —dice la pequeña desde la cama.

Luis Alberto abre los ojos para comprobar que está en el sofá del salón. «La máquina del tiempo ha vuelto a funcionar», piensa con alivio.

Sale disparado hacia el cuarto de baño para mirarse en el espejo y sí, es él, ya con quince años, el mismo aspecto que tenía antes del viaje. Respira profundamente.

La osezna habla de nuevo desde su habitación:

—Papá, quise esperar a que llegaras con el cuento inventado sobre la niña rubia, pero me dormí.

Luis Alberto entra y abraza muy fuerte a su osita.

—Me dijiste que buscara la fantasía perdida y me acompañaste al tejo mágico para que viajara en el tiempo... Penélope, ¿no te acuerdas?

—Papá, esa historia te la conté hace varios días. Y la de un pirata llamado Leoncio el Garra Garfio que sembraba el terror en los patios de los coles, la de una isla en la que vivía un cíclope, la de un viaje al Polo Sur...

—Entonces, a lo mejor me he dormido en el sofá y lo he soñado todo —dice Luis Alberto, bastante confuso.

«Me estaré volviendo loco y no distingo lo que es real de lo que es fantasía», piensa el oso.

—También he hecho un dibujo para cada historia. —Penélope le enseña varias ilustraciones: un barco pirata, un cíclope, un montón de manzanas pochas, un pingüino adelaida...

—¡Qué bonitos! Tus dibujos serán mi más preciado tesoro.

Cuando papá oso y su osita terminan de prepararse y de desayunar una riquísima miel, salen de la cueva para ir al colegio. Van agarrados de la pata.

Penélope no puede apartar la vista de su papá. Está muy feliz de que haya regresado de su viaje en el tiempo. «No hay mayor riqueza que abrazar a papá», piensa. Se despiden en la puerta principal del colegio y la pequeña se encamina hacia su clase. «Solo los hijos y las hijas —de la especie que sea— tienen la llave que permite viajar en el tiempo a abuelos, abuelas, papás y mamás. He hecho creer a papá que su aventura ha sido un sueño, así no se sentirá triste pensando que ha dejado sola a la abuela. Cuando yo crezca, escribiré sus aventuras», dice para sí Penélope.

Pasan los años. La osita se ha hecho mayor, se ha independizado y se ha convertido en una escritora de éxito. Es la autora de una veintena de libros infantiles y varios de ellos se utilizan en muchos colegios de primaria; pero del que más orgullosa se siente es del que acaba de publicar, en el que cuenta el viaje de su padre. Ha elegido para la cubierta la imagen de una locomotora de vapor.

Le entrega el primer ejemplar en primicia a Luis Alberto y le dice:

—Tu viaje fue real.

—Lo sé, pero no quise llevarte la contraria. Eras muy cabezona.

—Este libro relata ese maravilloso viaje —dice Penélope.

Él lo ojea con atención. Después de los agradecimientos, repara en la siguiente frase: «Ella sabía que venías del futuro».

Luis Alberto no puede evitar llorar mientras repite:

—¡Lo sabía, es que lo sabía! ¡Lo sabía, es que lo sabía!

Años más tarde, vuelve a utilizar la máquina del tiempo para regresar a su colegio con una misión muy importante. El duendecillo de orejas puntiagudas manipula el panel del vagón y, para ese último viaje de Luis Alberto, selecciona como fecha de destino el domingo del año mil tropecientos noventa mil. Un día antes de aquel al que fue en el anterior viaje.

Como en aquella ocasión, ha llegado al cubo después de entrar en el tejo mágico que se encuentra muy cerca de la cueva, pero esta vez con la ayuda de Marta, su nieta. De nuevo, se para delante de la puerta principal del cole. Se cuela dentro saltando la valla. Ha anochecido y nadie lo ve. Cree recordar que una de las ventanas de su clase no cierra bien y entra a través de ella. Deja un libro con la cubierta de una locomotora de vapor sobre la mesa de doña Beatriz, y también una nota escrita de su puño y letra que dice:

> *He venido del futuro para darle este libro. Léaselo a sus alumnos y alumnas y conseguirá que tengan un buen corazón y mucha empatía.*
>
> *¿Me guardará el secreto?*
>
> *Luis Alberto, 2.° B*

Deambula por los pasillos durante un rato. Piensa en lo que el duende le dijo sobre que su viaje no alteraría los acontecimientos. «Al dejar este libro, sin duda va a cambiar el futuro porque, dentro de unos días, la profesora nos lo leerá en clase y nos explicará que tanto animales como humanos debemos ser buenos los unos con los otros».

Cuando ya está saliendo del colegio, se le ocurre escribir a su madre. Al pasar por delante de la osera de su infancia, pone la nota sobre una gran piedra, muy cerca de la entrada. En ella le dice:

> *Me encantaría que papá dejara de ser un oso malo y se convirtiera en un pingüino adelaida. Si no deja de ser malo con nosotros, marchémonos muy lejos tú y yo.*
>
> *Te quiero, mamá.*

Y Luis Alberto regresa a su época.

Cada año, coincidiendo con la fecha del primer viaje en el tiempo de nuestro protagonista, sobre su lápida alguien coloca un tarro de miel y una nota que dice:

Para que siempre recuerdes los sabores de tu infancia.

FIN